I0162056

Votre chien
3. Lui apprendre l'obéissance.

Murielle Lucie Clément

Votre chien
3. Lui apprendre l'obéissance.

15 étapes simples et efficaces

MLC

Du même auteur
Collection Votre chien

Editions MLC
Le Montet
36340 Cluis
© MLC 2018
ISBN : 978-2-374320-731

Comme toujours, les conseils d'un professionnel juridique, fiscal, comptable ou autre compétent doivent être recherchés. L'auteur et l'éditeur ne garantissent pas la performance, l'efficacité ou l'applicabilité des sites listés ou liés dans cet ouvrage. Tous les liens sont à titre informatif seulement et ne sont pas garantis pour le contenu, l'exactitude ou toute autre fin implicite ou explicite.

Préface

Il y a bien sûr de nombreuses raisons pour lesquelles les propriétaires veulent un chien calme, obéissant et fidèle. En premier lieu, les chiens obéissants et éduqués sont des chiens plus heureux, moins susceptibles de se bagarrer avec des gens ou avec d'autres chiens. Une autre raison est que de nombreuses communautés exigent que les chiens vivant dans leurs quartiers soient bien éduqués. Ceci est particulièrement vrai pour de nombreuses races considérées comme ayant des problèmes d'agression et de comportement – des races de chiens comme les pitbulls et les rottweilers, par exemple.

Et bien sûr, bien éduquer votre chien fera également de lui un meilleur compagnon, surtout dans les familles où il y a de jeunes enfants. De nombreuses études ont montré que l'éducation correcte des chiens a un grand impact quand il s'agit de réduire le nombre de morsures de chien et d'autres problèmes de comportement rencontrés par les propriétaires de chiens.

Lorsque vous envisagez d'éduquer votre propre chien, ou que quelqu'un d'autre vous aide à le faire, il y a certains commandos de base qui doivent être maîtrisés pour qu'un chien soit considéré comme vraiment éduqué. Ces commandos de base incluent :

Aux pieds : il est important que tout chien apprenne à marcher à côté de son propriétaire sur une laisse lâche, ni en avant ni en arrière de lui.

Répondre au mot « Non » : le mot non est un mot que tous les chiens doivent apprendre. Entraîner votre chien à répondre à ce mot important peut vous épargner une tonne de problèmes.

Assis : Entraîner votre chien à s'asseoir sur commande est une partie essentielle de tout programme de dressage de chiens.

Reste : Un chien bien dressé doit rester là où son maître lui ordonne, donc « Reste » est un commando très important dans la formation de chien.

Couché : S'allonger sur commande est plus que juste un truc mignon. C'est un élément clé de tout programme de dressage réussi.

L'éducation d'un chien comprend beaucoup plus que simplement créer un compagnon obéissant et volontaire. Eduquer votre chien correctement renforce le lien qui existe déjà entre lui et vous. Les chiens sont des animaux de groupe, et ils se tournent vers leur chef de meute pour savoir quoi faire. La clé de la formation réussie est de vous constituer en tant que chef de meute.

S'établir comme chef de meute est un concept très important à comprendre pour tout dresseur de chiens potentiel. Il n'y a qu'un seul chef dans chaque meute de chiens, et le propriétaire doit s'ériger en animal dominant. Ne pas le faire entraîne toutes sortes de problèmes de comportement.

Un chien bien entraîné répondra correctement à toutes les commandes du propriétaire, et ne montrera ni anxiété, ni mécontentement, ni confusion. Un bon programme d'éducation de chien se concentrera à permettre au chien d'apprendre ce qui est attendu de lui, et utilisera le renforcement positif pour récompenser les comportements désirés.

En plus de faire du chien un bon membre de la communauté, la formation à l'obéissance est un excellent moyen de répondre à certains besoins du chien, y compris le besoin d'exercice ; la sécurité qui consiste à savoir ce qu'on attend de lui ; un sentiment d'accomplissement et une bonne relation de travail avec son gestionnaire. L'éducation du chien donne au chien un travail important à faire, et un objectif important à atteindre.

Donner un emploi au chien est plus important que vous ne le pensez. À l'origine, les chiens étaient élevés par les humains pour faire un travail important, comme le gardiennage des moutons, la garde des biens et la protection des personnes. De nos jours, de nombreux chiens n'ont aucun travail important à faire, ce qui peut souvent mener à l'ennui et au comportement névrotique.

La formation de base en obéissance, et les sessions de formation continue fournissent au chien un travail important à faire. Ceci est particulièrement important pour les races à haute énergie comme les bergers allemands, tous les autres chiens de berger, mais aussi les chiens de chasse. Les séances d'entraînement sont un excellent moyen pour ces chiens à haute énergie d'utiliser leur énergie supplémentaire et simplement de s'amuser.

L'intégration de la récréation dans vos séances de dressage est un excellent moyen de prévenir l'ennui chez vous et chez votre chien. Jouer avec votre chien aide à renforcer le lien important entre vous - le chef de meute - et votre chien.

Introduction

Si vous possédez un chien, vous devez faire plus que simplement le nourrir et lui donner des jouets avec lesquels il peut s'amuser. Presque tous les chiens, peu importe la race, ont des habitudes et des comportements (de chien) que vous devez changer et dont vous désirez vous débarrasser.

Pour ce faire, il est nécessaire d'envoyer le bon message en éliminant tout comportement jugé inapproprié et pouvant éventuellement vous causer de la honte et de l'embarras.

Teckel chiot

Il existe différentes façons de gérer chacun des comportements inacceptables de votre chien. Quoi que vous fassiez, assurez-vous qu'il est efficace et apte à forcer votre chien à changer ses habitudes.

Puisqu'il y a des comportements différents pour chaque occurrence, vous trouverez que certaines nécessitent des solutions uniques. Bien sûr, vous devez prendre en compte la race de votre chien. Il y a des comportements qui viennent de la génétique. Donc, ceux-ci doivent être traités en conséquence.

Commencer avec votre chien du bon pied dès le début est la clé pour l'amener à se conformer à faire la bonne chose. Si vous attendez plus tard, cela pourrait être difficile pour vous et votre chien.

Il est important d'incorporer une formation et un enseignement appropriés pour votre chien. Même si ce n'est pas votre premier chien, vous devez toujours suivre le processus avec chacun d'entre eux. Rendez son environnement pour lui agréable et vous aurez un chien heureux.

Vous voulez que votre chien soit votre meilleur ami et en faire un membre de votre famille. Vous voulez qu'il soit ce compagnon spécial quand vous n'avez personne d'autre.

Voici certaines choses que vous lirez dans ce manuel :

* Comment arrêter votre chien de mordre.

* Comment l'empêcher de hurler et d'aboyer et ce qui pourrait arriver si vous ne le faites pas.

* Comment l'empêcher d'être agressif.

Vous voulez avoir un chien heureux. À son tour, il va vous rendre heureux. Les chiens sont des créatures différentes des humains. Une fois qu'ils se sont attachés à vous, ils sont attachés et il n'y a pas de retour en arrière.

Boxer

Les chiens sont le meilleur ami de l'homme pour une raison. Ils peuvent fournir ce qu'aucun humain ne peut lui fournir. Un chien peut être votre protecteur contre les blessures, les attaques et les dangers. Des chiens viendront facilement et rapidement vous défendre quand cela est nécessaire. Cependant, ils doivent être éduqués correctement pour le faire. Ils doivent se débarrasser de leurs comportements inadéquats afin qu'ils puissent être efficaces et fiables.

Pendant que vous les entraînez pour les débarrasser de leurs comportements inappropriés (à vos yeux, car un chien voit les choses très différemment de nous), il est important que vous ayez de la patience. Il faudra du temps à votre chien pour faire les changements qu'il doit faire afin d'être le chien que vous voulez qu'il soit.

Berger allemand

Avant de commencer

L'éducation des chiens est à la fois frustrante et enrichissante. Elle vous tue pour tourmenter votre pauvre chiot pendant des mois, essayant de lui faire comprendre des commandos qui lui semblent probablement hors de propos et arbitraires. Cependant, quand il apprend finalement ce que vous attendez de lui, c'est le meilleur moment pour vous deux. Vous êtes heureux parce qu'il ne mange plus vos meubles ou ne s'enfuit plus dans le parc. Je suis également convaincue que le chiot est maintenant plus heureux parce qu'il a appris à vous manipuler. Il a appris que lorsque vous êtes heureux, vous lui donnez des friandises et il a également appris les choses qui sont les plus susceptibles de vous rendre heureux.

Ceci est bien sûr une relation bénéfique pour tous les intéressés. Vous obtenez ce que vous voulez et le chien obtient ce qu'il veut, ce qui rend tout le monde plus heureux. Certaines personnes disent que le chien est réellement plus heureux parce qu'il a besoin de règles et de limites. Les chiens vont vous tester pour voir jusqu'où ils peuvent vous pousser parce qu'ils veulent que vous définissiez leurs limites, pour leur donner leur place dans la famille. Je ne suis pas sûre de la façon si je trouve cet argument convaincant, mais cela a du sens, dans la mesure où il est logique que les enfants ayant des règles et des limites tendent à être mieux ajustés.

Yorkshire-terrier nain

Pour cette raison, entre autres, l'éducation du chien est une partie importante de toute famille qui a un chien. J'ai vu des maisons où le pauvre chien est enfermé dehors toute la journée et toute la nuit sans affection ni amour parce qu'il est « incontrôlable ». Cependant, d'après mon expérience, c'est souvent parce que personne n'a essayé de le contrôler et qu'il a été autorisé à repousser ses limites au maximum jusqu'à ce qu'il n'y en ait plus. L'éducation du chien doit être fait, et doit être bien faite pour que le chien s'épanouisse vraiment.

Husky chiot

Etape 1 :
Les morsures

Même si la morsure est considérée comme un comportement normal pour un chiot, gardez à l'esprit que lorsque les chiens grandissent, cela peut représenter un risque sérieux pour les autres, y compris vous-même.

Chiot cocker

C'est peut-être mignon à l'étape du chiot, mais à mesure qu'il grandit, ce n'est plus mignon. Vous devez commencer quand il est encore un chiot pour l'amener à changer son comportement en matière de morsure.

En tant que chiot, mordre est un comportement appris qui vient de la mère et de la portée. Parce qu'ils ne sont pas toujours avec leur mère, l'humain qui prend soin d'eux doit être responsable pour faire le changement.

Alors qu'il est encore au stade de chiot, permettre au chiot de jouer avec d'autres chiots. Ils aiment interagir les uns avec les autres et parfois cela comprendra se mordre. En le faisant, ils peuvent apprendre à se contrôler.

S'il y a un chiot qui est trop agressif, les autres apprendront au chiot agressif qu'il est trop rude. Comme ils continuent à jouer les uns avec les autres, le chiot va apprendre à se calmer et à moins mordre.

Vous pouvez commencer très tôt quand il est encore un chiot à au moins quatre à six semaines. Voici quelques conseils que vous pouvez pratiquer pour obtenir un résultat :

* Faites savoir au chiot que vous avez mal quand il vous a mordu. Vous pouvez être sévère et dire « non » ou « aïe » d'une voix aiguë pour lui faire savoir que cela vous a blessé. Le chiot saura qu'il est allé trop loin et il pensera à ce qu'il a fait.

* Lentement, retirez votre main. Faire cela trop vite peut causer plus de dégâts.

* S'il vous mord à nouveau, répétez votre réaction verbale. Éloignez-vous du chiot pendant un moment. Il se rendra compte que vous n'appréciez pas ce qu'il a fait et comprendra que vous ne voulez pas être avec lui.

* Donnez-lui un jouet à mâcher.

* Récompensez le chiot quand il est gentil et ne vous mord pas.

* Soyez cohérent lorsque vous l'entraînez pour arrêter de mordre. Continuez à faire

savoir au chiot que les morsures ne sont pas acceptables.

* Votre chiot devrait suivre un cours d'obéissance. De cette façon, il peut interagir avec d'autres chiens en vieillissant. Il va apprendre les limites avec les humains et les autres chiens.

* À mesure que votre chiot grandit et devient un chien, il a besoin de beaucoup d'activité physique, y compris de l'exercice régulier. De plus, donnez-lui une chance de jouer dehors pour qu'il puisse prendre l'air. Assurez-vous qu'il puisse marcher et jouer à rapporter. Cela peut l'aider à ne pas penser à mordre.

* Gardez-le au top avec des activités physiques. Il s'habituera à faire des choses et en profitera.

* Gardez les jeunes enfants hors de danger en ne les laissant pas seuls avec le chiot. Le chiot peut encore être en phase d'apprentissage et peut mordre l'enfant.

* S'abstenir de tout comportement agressif avec lui. Cela peut l'influencer à continuer à mordre. Ne criez jamais sur lui.

* S'il continue à mordre malgré tous vos efforts, contactez votre vétérinaire ou un comportementalisme canin pour obtenir de l'aide. N'attendez pas que votre chiot soit devenu un chien incontrôlable.

Chiot dogue

Etape 2 :
Les aboiements excessifs

Il y a des moments où pleurnicher, hurler et aboyer sont normaux pour votre chien. Cependant, si vous avez un chien qui couine, hurle ou aboie constamment, cela peut devenir un problème. Non seulement cela peut devenir un problème pour vous, mais cela peut aussi devenir un problème pour vos voisins si vous vivez en appartement ou dans un lotissement. Vous obtiendrez des plaintes constantes de leur part si le problème n'est pas résolu.

Voici quelques façons pour faire face à un chien qui crée constamment des ravages :

* Découvrez pourquoi le chien gémit, hurle ou aboie tellement. Il peut avoir faim, soif ou les deux. Assurez-vous que le chien est toujours nourri et a toujours de l'eau. Ne pas oublier de lui donner des jouets afin qu'il puisse rester occupé.

* Certains chiens n'aiment pas être seuls. Ils se fâchent quand personne n'est là et cela crée de l'anxiété pour eux. En plus d'être seuls, ils sont stressés et commencent à faire toutes sortes de bruits agaçants.

* Même si vous êtes à la maison avec le chien, vous devez lui apprendre à être seul. Ne prenez pas l'habitude de toujours le satisfaire quand il pleurniche. Si vous le faites, il s'attendra à ce que vous veniez à chaque fois. Vous aurez du mal à casser cette habitude.

* Parfois, un chien fait du bruit parce qu'il doit utiliser la salle de bain. Les trois fois importantes pour eux, c'est après qu'ils aient mangé, après une activité et après une sieste ou quand ils se réveillent le matin. Il y aura d'autres moments, mais une fois que le chien sera entraîné, vous serez en mesure de comprendre tout cela.

* Après avoir donné de la nourriture, de l'eau et des jouets au chien, il devrait être calme. Cependant, s'il ne l'est pas, n'ayez pas peur de lui faire savoir que son comportement n'est pas acceptable. Par exemple, en lui disant « Non » et en lui donnant un jouet près de lui.

Parfois, c'est juste parce qu'il veut un peu d'attention et lui parler un peu suffit à le calmer.

Chihuahua chiot

Etape 3 :
Les problèmes de mâchouillement excessif

Mâcher est naturel pour les chiots jusqu'à ce qu'ils deviennent un chien adulte. Les chiens pensent que le mâchonnement est normal. Cependant, ce n'est pas nécessairement correct. Si vous remarquez que votre chien a des problèmes de mâchouillement, vous devrez corriger le problème dès que vous le remarquerez.

Yorkshire-terrier nain

Il y a des chiens qui mâchent tout ce qu'ils peuvent pour faire leurs dents. Cela inclut les chaussures, les vêtements et les meubles. Bien sûr, ce sont des choses que vous préférez éviter. Ce n'est pas agréable de devoir continuellement acheter des remplacements.

L'une des solutions les plus faciles à ce problème est d'obtenir pour votre chien une variété de jouets pour chiens qu'ils peuvent mâcher. L'utilisation de ces jouets peut lui apprendre ce qu'il a le droit de mâcher et ce qui est interdit. Dès qu'il mâche ce qui est interdit, dites : « non » et tendez-lui un de ses jouets. Il comprendra très vite ce qui est permis ou pas. De plus, avoir une variété de jouets à mâcher pour chien le gardera occupé.

Mâcher des jouets gardera aussi ses dents et ses gencives saines. Certains des meilleurs choix de jouets pour chiens sont ceux qui sont parfumés ou aromatisés. Encouragez constamment votre chien à jouer avec ses jouets.

Une autre chose que vous pouvez faire est de lui apprendre à obtenir un jouet chaque fois qu'il vient en votre présence. Même s'il salue quelqu'un d'autre, apprenez-lui encore à se procurer un de ses jouets.

Pendant que vous l'entraînez, apprenez-lui également à ne pas mâcher des objets qu'il n'est pas censé mâcher. Il est également important que la zone où le chien joue soit libre de tout encombrement. Pour votre part, assurez-vous qu'il n'y a pas de chaussures ou d'autres articles qui peuvent l'inciter à les mâcher.

Si le chien arrive à obtenir quelque chose qu'il n'est pas censé avoir, attirez son attention et enlevez-le-lui. Puis, remplacez-le par un de ses jouets. Chaque fois qu'il fait cela, applaudissez-le pour avoir fait la bonne chose. Vous pouvez également l'empêcher de mâcher vos articles en appliquant quelque chose qui le fera s'en éloigner, comme la sauce Tabasco et d'autres articles non toxiques. Mais la meilleure façon d'apprendre pour votre chien est le contact avec vous-même et les commandos que vous lui donnerez.

Chiot

Etape 4 :

Empêcher votre chien de sauter sur les gens

Les chiens aiment sauter sur les gens, c'est un fait. Ils démontrent ainsi leur enthousiasme. Cependant, certains propriétaires de chiens encouragent ce genre de comportement. Ils devraient garder à l'esprit que tout le monde n'aime pas les chiens et que leur chien ne devrait pas sauter sur tout le monde qu'ils rencontrent. Même s'ils sont mignons quand ils sont encore des chiots, cela peut vraiment poser un problème, car ils deviennent des chiens adultes.

Berger allemand noir

Le problème avec cela est que le chien vieillit, il pèse plus lourd, alors. Plus le chien pèse, plus le saut sur les gens peut être dangereux. Comme il y a beaucoup de gens qui n'aiment pas les chiens, ils n'apprécieront pas qu'il leur saute dessus et qu'il les renverse. Pensez-y sérieusement.

Si c'est un petit enfant, c'est encore pire. L'enfant pourrait être sérieusement blessé en raison du poids du chien. Le propriétaire du chien pourrait avoir de sérieux ennuis, peu importe si c'est son enfant ou non qui a été blessé. Que ce soit un adulte ou un enfant, vous pourriez vous retrouver avec un procès si vous n'avez pas éduqué votre chien à cesser de le faire.

Le meilleur moment pour lui apprendre à ne pas sauter sur d'autres personnes, c'est quand le chien est encore jeune. C'est plus facile de l'éduquer et vous n'aurez pas le problème que vous auriez si le chien était plus âgé. Une fois que vous lui permettez de sauter sur les personnes, il peut être difficile quand le chien vieillit d'essayer de le freiner. Son comportement est alors défini et peut être difficile à changer.

Le moyen de le faire est quand il essaie de sauter sur quelqu'un, mettez ses pieds sur le sol d'une manière douce et ferme. Vous pouvez le récompenser et l'encourager pendant qu'il continue à vous obéir.

Comme vous encouragez votre animal de compagnie, vous devez être au niveau de ses yeux. Le chien vous prendra au sérieux quand il verra que vous fournissez un contact direct à son niveau. Vous pouvez continuer à renforcer cela autant que nécessaire.

Assurez-vous que tout le monde connaisse les règles et n'encourage pas le chien à leur permettre de leur sauter dessus. Cela peut prêter à confusion pour lui si vous avez une personne qui s'irrite et une autre qui lui permet de sauter. La norme doit être cohérente, peu importe ce qu'elle est.

Etape 5 :
Empêcher votre chien de tirer sur sa laisse

Un autre problème de comportement que les chiots ont à partir de leur plus jeune âge, c'est de tirer sur la laisse. Ceci est un autre entraînement qui peut être commencé et encouragé par les propriétaires de chiens. Lorsque vous jouez avec le chiot, comme le tir à la corde, il a l'impression de pouvoir continuer à tirer et à tirer sans fin. Cela peut déclencher une mauvaise habitude qui peut être difficile à rompre.

Chiot caniche nain

Si vous avez un harnais, il peut être utilisé lorsque vous entraînez votre chien à ne pas tirer. Il peut également être utilisé lorsque vous devez apprendre à votre chien à arrêter de tirer. Travaillez avec le chien pour qu'il puisse accepter et utiliser le harnais de la même façon qu'il utiliserait un collier sur son cou.

Si vous promenez votre chien, procurez-vous un jouet pour que vous puissiez le faire rester à vos côtés. Vous pouvez également utiliser un collier d'entraînement. Ce collier peut être utilisé si vous rencontrez des problèmes pour l'entraîner à ne pas tirer, mais personnellement, je ne l'aime pas du tout.

Même si vous utilisez un collier étrangleur, vous pouvez l'entraîner de la même manière. Indépendamment de celui que vous utilisez, assurez-vous qu'il s'adapte correctement autour de son cou. Il est important qu'il ne soit pas trop grand ou trop serré pour lui.

Comme vous marchez avec votre chien, la laisse doit rester lâche. S'il tire devant vous, changez de direction pour qu'il finisse derrière vous. Cela devrait être fait avant d'arriver à la fin de la laisse. Ne laissez pas le chiot ou le chien vous tirer. Alors qu'il est encore jeune, il doit apprendre à marcher dans le bon sens.

En vieillissant et en grandissant, il est essentiel qu'il marche correctement. Comme vous le corrigez, ne tirez pas dessus sa laisse et ne tirez pas sur son cou. Faites juste un mouvement doux et il répondra. En utilisant trop de force, le chien peut devenir agité.

Berger allemand noir

Etape 6 :
La miction inappropriée

La miction inappropriée pour un propriétaire de chien peut être très embarrassante. Non seulement, mais combiné avec la défécation, cela peut faire des ravages dans la maison.

Avant de pouvoir apporter des modifications, vous devez aller à la racine du problème. Il pourrait y avoir différentes raisons pour lesquelles certains chiens ne peuvent pas contrôler leur vessie. Une fois que vous avez trouvé la racine du problème, vous pouvez agir à partir de là.

Il existe deux types de miction inappropriés : d'excitation et de soumission. Ce guide va décrire les deux types.

Chihuahua

Excitation = urination

Lorsque les chiens sont excités, ils ont tendance à relâcher le contrôle de leur vessie et à uriner. Cela peut arriver quand ils sont excités de vous voir. Même si la miction d'excitation est normale, ce n'est pas un joli spectacle. C'est encore plus embarrassant quand vous avez quelqu'un avec vous. Pour beaucoup de chiens âgés, cela peut vraiment poser un gros problème pour eux.

L'excitation urinaire commence généralement quand ils sont encore un chiot. Comme ils sont encore petits, ils ont tendance à ne pas contrôler leur vessie. En fait, ils ne réalisent peut-être pas ce qui se passe. La seule chose que vous ne voulez pas faire, c'est vous mettre en colère contre eux. Cela aggrave les choses pour eux et pour vous. Ils continueront à uriner parce qu'alors vous les avez contrariés.

Ce que vous pouvez faire, c'est implanter la prévention. Vous pouvez l'empêcher de s'énerver à propos de certaines choses. Continuellement l'exposer à tout ce qui le rend excité. Plus vous le faites, moins ils seront excités, ce qui à son tour, arrêtera la miction.

À mesure qu'ils vieillissent et grandissent, ils pourront mieux contrôler leur vessie.

Miction de soumission

Avec la miction de soumission, cela se produit parmi la meute de chiens. Le chien soumis se baisse et commence à uriner. Les autres chiens dans la meute voient ce que le chef fait et ensuite ils suivent.

Lorsque les chiens présentent ce type de comportement, ils ne sont généralement pas sûrs d'eux. Des chiens de cette nature ont déjà été abusés par quelqu'un d'autre.

Les chiens qui montrent une miction soumise montrent généralement leur insécurité. Les chiens non socialisés et maltraités ont souvent une miction soumise. Il faut montrer à ces chiens qu'il existe des moyens plus appropriés d'exprimer leur statut de soumission, comme se serrer la main ou lécher la main du propriétaire.Vous pouvez également ignorer la miction, mais assurez-vous que vous nettoyez le désordre. Vous pouvez aussi apprendre au chien à soulever sa patte, leur ordonner de s'asseoir, ainsi que d'autres commandements d'obéissance. Faire cela assurera le respect de votre chien. Ce n'est pas une tâche facile de traiter les problèmes de miction. Cependant, vous devez toujours être cohérent. Quand ils progressent, vous devriez toujours les récompenser. Ne punissez pas le chien pour une miction inappropriée, car cela ne fera qu'empirer la situation pour vous deux.

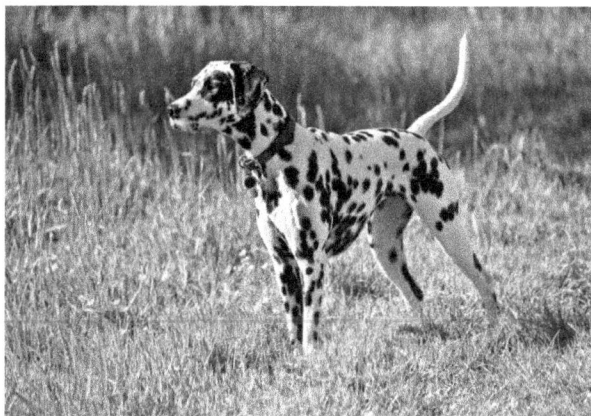

Dalmatien

Etape 7 :

Votre chien ne tient pas compte de votre appel

Il est important que les propriétaires de chiens comprennent à quel point il est primordial que leur chien vienne à eux lorsqu'ils sont appelés. Quand ils ne tiennent pas compte de l'appel du propriétaire, cela peut causer des ennuis. Si le chien est actif et ne vient pas lorsqu'il est appelé, il peut courir dans la circulation et se faire frapper par une voiture.

Malheureusement, il y a quelques propriétaires de chiens imprudents qui permettent à leur chien de se déplacer librement sans laisse. Ce n'est pas une bonne idée. Le propriétaire devrait toujours avoir le chien en laisse. En fait, de nombreuses zones urbaines exigent qu'un chien soit en laisse ou alors le propriétaire est passible d'amendes. Une fois qu'il peut errer librement et sans surveillance, le chien se fout d'obéir aux ordres de son propriétaire.

Une fois que le chien a cette perception, il va tarder à répondre aux appels du propriétaire, même à ne pas répondre du tout. Si vous n'avez pas autorisé ce type de comportement, ne le laissez pas s'implanter pas. Cependant, si vous l'avez fait, faites de votre mieux pour inverser la situation. Vous devez l'entraîner à répondre quand vous dites « ici » ou un autre commando de votre choix. C'est dans le meilleur intérêt pour les autres animaux et les êtres humains.

Lorsque vous utilisez l'ordre « ici », utilisez-le d'une manière qui sera bénéfique pour le chien. Jouez avec lui en premier, puis faites d'autres choses avec lui. Assurez-vous que votre chien ne connecte pas votre ordre avec une mauvaise expérience.

Votre chien sera toujours dans la phase d'apprentissage. Il est important que chaque processus d'enseignement et de formation soit quelque chose de positif. De cette façon, il n'hésitera pas à faire ce que vous voulez qu'il fasse.

Chaque fois que vous commandez à votre chien de venir, donnez-lui une récompense. Cela n'a pas besoin d'être compliqué. Encourager le chien peut inclure gratter derrière ses oreilles ou lui tapoter sur la tête. Vous pouvez également lui fournir des friandises pour chiens si vous le souhaitez, tant que c'est quelque chose qui le fait se sentir bien. Quoi que vous fassiez, vous devez être cohérent.

Berger des Shetlands

Etape 8 :
Votre chien court après les gens, des objets et d'autres choses

Les chiens sont connus pour courir après des objets en mouvement, qu'ils soient humains ou non. Un bon exemple est le facteur qui livre le courrier ou le releveur de compteurs. Ils sont des cibles communes pour les chiens. Une autre chose que les chiens chassent est les roues de voiture lorsque la voiture se déplace. Cependant, ce n'est pas correct et cela peut être dangereux pour le chien ainsi que pour le sujet qu'il chasse.

Boxer

Vous devez entraîner votre chien à ne pas chasser les gens et d'autres choses. Le plus tôt vous commencez, la meilleure chance que vous avez d'obtenir que le chien vous obéisse. Le meilleur moment pour commencer est quand le chien est encore jeune et ne représente aucune menace.

C'est encore plus important pour les grandes races et celles qui ont un comportement agressif. Quand les gens sont poursuivis par un chien, ils ont peur et commencent à courir. C'est généralement la mauvaise tactique, mais ils ne savent pas ce que ce chien leur fera.

Selon la race, certains chiens sont plus faciles à former pour ne pas chasser les gens ou les choses. Ceux qui sont utilisés à des fins de chasse ou d'élevage sont plus susceptibles de continuer à chasser. Ce n'est pas une bonne idée de laisser un chien s'échapper s'il n'a pas été éduqué à ne pas courir après les gens ou les choses. Même s'il a été éduqué, il est toujours préférable qu'il soit en laisse en public.

Lorsque vous entraînez votre chien, faites-le dans une zone sécurisée intégrée. Un endroit idéal serait une cour clôturée. De cette façon, le chien pourra se concentrer sur ce que vous essayez de faire avec lui. Vous voulez que le chien comprenne que vous essayez de lui apprendre le bon comportement. En outre, le chien doit avoir une chance de revenir sur le comportement que vous essayez de lui apprendre.

Vous devriez également former le chien dans votre maison. C'est une autre façon de garder le chien dans un environnement contrôlé. Placez une laisse sur le chien. Vous et le chien serez debout à une extrémité du couloir ou à une extrémité d'une pièce. Obtenez une petite balle et agitez-la devant lui.

Vous ne laisserez pas le chien toucher la balle. Faites rouler la balle à l'autre extrémité et utilisez l'ordre « laisse ». Cette commande permet au chien de savoir qu'il ne doit pas courir après le ballon. Cependant, s'ils commencent à partir après, dites à nouveau « laisse » et tirez doucement et fermement sur la laisse.

Il est important que le chien ne touche pas la balle du tout. Si vous lui permettez de le faire, alors il pensera que la commande « laisse » signifie qu'il peut la toucher. Faites ceci plusieurs fois ou jusqu'à ce que le chien ait appris ce que signifie le commandement. Après que le chien a compris le message, donnez-lui une friandise en récompense de l'apprentissage de ce commandement.

Essayez la même chose, mais allez dans une autre pièce. Répétez le processus dans plusieurs pièces de votre maison. Après avoir senti que votre chien a maîtrisé la formation, vous pouvez le faire sans la laisse. Gardez à l'esprit que vous devez rester dans une zone contrôlée. Cela peut prendre un certain temps pour que votre chien prenne le dessus. Soyez patient jusqu'à ce que vous soyez sûr qu'il a appris à arrêter de courir après la balle.

Faites un test pour voir si votre chien a réellement appris de votre entraînement. Demandez à quelqu'un d'agir comme un marcheur ou un joggeur. Le chien ne devrait pas les remarquer. En fait, la personne que vous choisissez devrait être un étranger pour le chien, mais pas pour vous.

Gardez le chien en laisse et permettez à la personne de marcher ou de faire du jogging plusieurs fois. Pendant ce temps, vous allez dire le commandement « laisse ». Voir si le chien restera immobile ou essaiera et chasser la personne. S'il tente de courir, tirez doucement et fermement sur la laisse. S'il reste sur place, vous pouvez lui donner une friandise.

Etape 9 :
Votre chien s'échappe et part en balade

Vous ne devriez jamais laisser votre chien s'échapper de votre maison et errer dans le quartier. C'est irresponsable de votre part. Cela peut aussi représenter un danger pour votre chien et les résidents de la région. Dans la plupart des endroits, vous devez avoir le chien en laisse. Si vous permettez que cela se produise, vous pourriez avoir des ennuis et probablement faire face à une amende ou un accident.

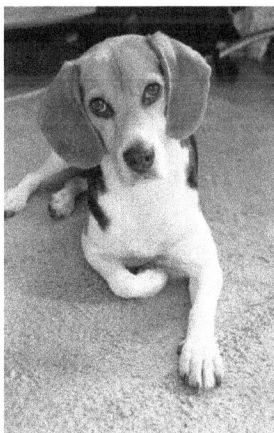

Beagle

Il y a des fois où ce n'est pas de votre faute si le chien s'est sauvé. Certains chiens ont un plan de sortie par eux-mêmes. Une fois qu'ils sortent, ils courront après tout ce qui est en vue. Cela inclut les humains, les voitures ou tout ce qui est en mouvement. Travailler pour empêcher que cela ne se produise est plus facile que d'essayer de récupérer votre chien une fois qu'il est sorti.

Une des choses que vous pouvez faire est d'éliminer tout ce qui va provoquer votre chien à s'enfuir. Vous devez garder votre chien occupé. S'il s'ennuie, il voudra s'enfuir et planifiera de le faire. S'il a beaucoup de jouets, avec de l'eau et des arrangements pour dormir, il ne pensera pas à s'enfuir. Il sera trop occupé à jouer et à se reposer.

Si vous avez un chien qui a beaucoup d'énergie refoulée, il voudra s'échapper. Il n'utilisera pas son énergie et cela l'ennuiera et le rendra anxieux. Il voudra sortir. Permettez au chien de dépenser l'énergie qui s'est accumulée en lui. Il se sentira mieux plus tard.

Vous devez également arranger votre maison de sorte qu'il ne soit pas facile pour votre chien de s'échapper. Assurez-vous que la clôture est suffisante pour qu'il reste dans l'environnement contrôlé. Si vous avez un chien qui a l'habitude de creuser, vous devrez peut-être placer des piquets de métal ou un grillage dans le sol.

Vous devrez peut-être également augmenter la hauteur de la clôture si votre chien a l'habitude de sauter. Le dernier recours est de garder votre chien confiné quand personne n'est à la maison pour le garder.

Il est important que vous fassiez tout ce que vous devez faire pour empêcher votre chien de s'échapper et de se promener dans le quartier. Il peut constituer un danger non seulement pour les autres, mais aussi pour lui-même. Il y a des gens qui ne voudraient pas aider un chien qui ne leur appartient pas. Pensez-y. Il peut avoir un accident avec une voiture et être laissé sans soins sur le bord de la route. Il est donc crucial que vous preniez les mesures appropriées pour garder votre chien et les autres en sécurité.

Bully américain

Etape 10 :
Votre chien se bagarre

Il est important que vous gardiez le contrôle de votre chien quand il rencontre un autre chien. Votre chien peut ne pas être un bagarreur, mais l'autre chien peut l'être. Assurez-vous que vous avez éduqué votre chien à être obéissant. Il devrait obéir à tous vos ordres.

Pug

Voici quelques façons pour empêcher votre chien de se battre :

* Assurez-vous que le collier de votre chien soit bien ajusté. Il ne devrait pas être trop lâche ou trop serré.

* Transporter un parapluie et un flacon pulvérisateur pour la protection.

* Si un chien agressif vient sur votre chemin, faites asseoir votre chien et regarder ailleurs.

* Surveillez l'agresseur et tenez votre parapluie disponible.

* Ni vous ni votre chien ne devriez courir. Cela ne ferait qu'aggraver la situation.

* Mettez le parapluie entre les chiens pour qu'il s'ouvre.

* Dites « Stop ! », puis ouvrez le parapluie.

* Lorsque vous ouvrez le parapluie, le chien agressif essayera de s'échapper.

* Si vous utilisez le flacon pulvérisateur, visez le nez de l'agresseur et dites « Arrête ! » Et vaporisez. Eviter les yeux.

* Tant que votre chien est éduqué correctement, il fera ce que vous dites et ne se

lancera pas dans un combat avec d'autres chiens.

* Si le tour du parapluie ou de la bouteille de pulvérisation ne fonctionne pas, vous et votre chien reculez lentement.

* Évitez d'avoir un contact visuel avec l'agresseur. Cela le rend plus apte à attaquer.

* Si l'autre chien est extrêmement agressif, il peut toujours essayer d'attaquer. Vous devrez peut-être demander de l'aide supplémentaire.

Chiots de rue

Etape 11 :
Empêcher votre chien de mendier

Certains chiens ont l'habitude de mendier. C'est un comportement facile à limiter. Vous devez être cohérent lorsque vous essayez de les en sortir. Il est important que s'il y a d'autres personnes dans votre maison, elles doivent aussi faire de même.

Chiens de Poméranie et Maltais

* Obtenez quelque chose que votre chien n'aime pas. Vous pouvez essayer des fruits tels que les raisins aigres ou les pommes amères. Vous pouvez les acheter des super marchés qui vendent des fruits et légumes. Aussi, essayez

d'utiliser la sauce Tabasco combinée avec du vinaigre sur un morceau de pain.

* Donnez-en un échantillon à votre chien pour voir s'il l'aime ou non. Vous pouvez être certain qu'il ne l'appréciera pas. Utilisez d'autres aliments que vous pensez que votre chien ne peut pas manger. S'il ne le mange pas, il déteste l'odeur et le goût de la nourriture.

* Pendant que vous mangez, présentez à votre chien un morceau de cet aliment qu'il n'aime pas manger ou sentir. Bien sûr, il le refusera ou le dédaignera tout simplement. Si votre chien commence à mendier, donnez-lui un morceau.

* Votre chien reconnaîtra le goût et ne voudra pas le consommer. S'il y a d'autres personnes qui mangent, demandez-leur de vous aider avec ce test.

* Soyez cohérent et utilisez quelque chose que votre chien n'aime pas. Plus vous êtes cohérent, plus votre chien recevra le message.

* Vous pouvez également dire « non » de manière cohérente. Assurez-vous que vous le

pensez vraiment sinon, votre chien saura que vous n'êtes pas sérieux.

Finalement, votre chien recevra le message et arrêter de mendier. D'un autre côté, il est important de lui donner des repas réguliers afin qu'il n'ait pas faim et commence à mendier.

Chiots de traîneaux

Etape 12 :
Empêcher votre chien de fouiller dans la poubelle

Les chiens sont attirés par les déchets. Ils en aiment l'odeur et pensent qu'ils peuvent trouver des restes délicieux. Parfois, ils aiment juste fouiller dans les poubelles pour combattre leur ennui. Vous pouvez contrer cette habitude de votre chien.

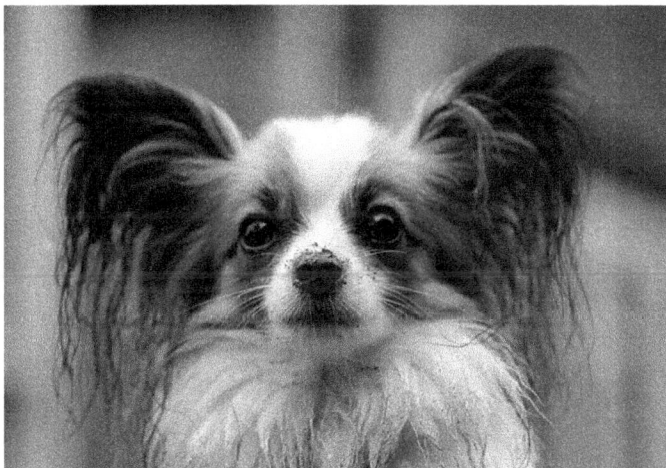

Chien papillon

Voici quelques astuces que vous pouvez mettre en pratique :

* Si vous pouvez le surprendre en train de fouiller la poubelle, vous pouvez le corriger. Appelez-le en lui disant qu'il est un mauvais chien et doit sortir de la poubelle.

* Imposez une discipline à votre chien. Mettez-le dans une pièce et laissez-le passer du temps seul. Répétez pourquoi il est seul dans la pièce. Il comprendra si vous employez des phrases simples comme : « Tu n'es pas sage. Tu as fouillé dans la poubelle. » Que vous traduirez simplement par : « Pas sage. Fouillé poubelle »

* Répétez chaque fois que votre chien va dans la poubelle. Finalement, grâce à votre cohérence et vos répétitions, il apprendra que ce comportement est inacceptable.

* Assurez-vous de faire en sorte de bloquer toutes les possibilités pour votre chien d'aller à la poubelle.

* Changez la poubelle. Si vous n'avez pas de poubelle avec un couvercle qui ne fonctionne qu'avec votre pied, vous devriez en avoir un. Assurez-vous que votre poubelle reste fermée.

* Si vous avez des poubelles à jeter, faites-le le plus tôt possible. Les laisser traîner ne fera qu'attirer votre chien à fouiller dans plus de détritus.

* Ne forcez pas lorsque vous essayez d'empêcher votre chien de passer dans vos poubelles. Soyez patient avec lui.

* Une réponse douce, mais ferme sera préférable au lieu d'une réponse énergique.

* Tant que vous faites constamment un effort, votre chien finira par recevoir le message.

Meute

Berger allemand

Etape 13 :
Le comportement agressif

Vous pouvez avoir un chien qui est agressif dans son comportement. Cela peut être une situation effrayante parce que vous ne savez pas quand il veut attaquer. Afin de lui faire dépenser son énergie, vous pouvez l'emmener au parc. Cependant, essayez de le tenir à l'écart des autres chiens afin d'éviter une attaque contre d'autres chiens ou même de personnes.

Berger australien

* Faites attention au chien afin qu'il puisse être distrait par les autres chiens.

* Si un autre chien s'approche de vous, tirez sur la laisse.

* Si vous tirez la laisse droite, vous donnez le contrôle à votre chien. Garder la laisse sur le côté assure que votre chien aura moins de contrôle.

* Si vous sentez que votre chien commence à agir, essayez de le distraire en faisant des bruits auxquels il répondrait. Cependant, ne criez pas.

* Emmenez lentement votre chien à l'écart des autres chiens. Quand vous voyez qu'il commence à changer de comportement, donnez-lui une friandise.

* Réunissez-vous avec un autre chien pour qu'ils puissent se rencontrer. Gardez votre chien en laisse. Trouvez un endroit que votre chien ne connaît pas. Votre chien deviendra territorial dans un endroit familier et se sentira menacé par l'autre chien.

* Voyez comment votre chien réagit en rencontrant un autre chien. Si vous voyez qu'il n'est pas très content, alors partez. Certains des

signes évidents de son comportement agressif est qu'il grogne, se raidit ou tire sur la laisse pour se rapprocher de l'autre chien. Il vaut mieux être proactif que réactif.

* Voyez si vous pouvez trouver d'autres chiens que vous êtes prêt à faire rencontrer à votre chien et répétez le processus.

* Si votre chien a encore des tendances agressives, faites-le entrer dans une école d'obéissance pour chiens. Il existe des dresseurs de chiens spécialisés qui peuvent travailler avec votre chien dans un groupe. Souvent, un groupe peut être une meilleure thérapie pour lui.

Voici quelques autres choses possibles à fairc si votre chien est agressif :

* Envisagez de castrer votre chien si c'est un mâle (uniquement dans les cas extrêmes). De cette façon, il ne se sentira pas aussi dominant ou n'aura pas un comportement aussi agressif.

* Les chiens agressifs ne devraient pas être punis physiquement. Cela ne fait qu'aggraver le problème.

* Utilisez une laisse rétractable. Cela peut aider lorsque vous rencontrez d'autres chiens. Votre chien ne se sentira pas limité et vous pourrez toujours contrôler ses mouvements.

* Ce n'est pas parce que votre chien remue la queue qu'il veut être amical avec l'autre chien.

Il est important que vous continuiez à garder constamment le contrôle de la situation, que vous soyez au parc, à la maison ou à l'endroit où vous rencontrez d'autres chiens.

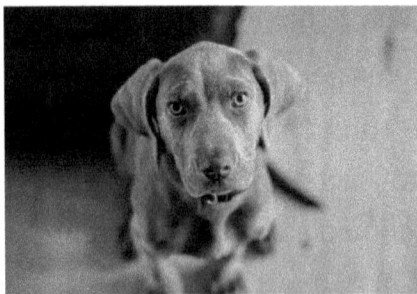

Chiot Braque de Weimar

Etape 14 :
Empêcher votre chien de creuser des trous dans le jardin

Dans votre jardin, vous pouvez trouver beaucoup de trous. Si votre chien y est régulièrement, vous n'avez pas à deviner pour savoir d'où ils viennent. Finalement, plus tôt que plus tard, vous devrez apprendre à votre chien comment arrêter de creuser des trous dans votre jardin.

Cavalier King Charles

Non seulement c'est disgracieux, mais vous devrez également payer de votre poche pour redresser votre cour. De plus, si vous le faites vous-même, c'est du temps passé là où vous pourriez faire autre chose.

Votre chien ne pense pas quand il fait cela. Il peut être fatigué de jouer avec ses jouets et il n'a pas faim. Une chose que vous ne pouvez pas faire est d'imposer une punition pour l'amener à s'arrêter.

Si vous essayez de le punir, vous pouvez faire face à un chien qui se rebellera contre vous. Vous aurez besoin de trouver la racine de la raison pour laquelle il creuse dans votre jardin pour commencer. Ensuite, vous pourrez travailler à partir de là pour faire des changements au comportement de votre chien et l'empêcher de creuser des trous.

Voici certaines choses que vous pouvez essayer d'obtenir de votre chien pour arrêter de creuser des trous dans votre jardin :

* Placez des barrières dans certaines zones de votre cour pour éloigner votre chien. Elles

devraient être placées dans les zones où il aime creuser des trous. Une fois qu'il a réalisé que ses zones favorites sont bloquées, il va arrêter d'essayer d'y avoir accès pour creuser plus de trous.

* Vous voudrez peut-être avoir un gicleur qui pulvérisera de l'eau sur votre chien. Les chiens ne sont pas trop désireux d'avoir de l'eau pulvérisée sur eux. Ce ne sont pas des animaux qui aiment se mouiller.

* Assurez-vous que votre chien fasse beaucoup d'exercice. Cela peut l'aider à cesser de penser à vouloir creuser des trous dans votre jardin. Une des principales raisons pour lesquelles les chiens le font est parce qu'ils s'ennuient et sentent qu'ils n'ont rien d'autre à faire.

* Prenez le temps de jouer avec votre chien. Passez du temps de qualité avec lui. Quand les chiens savent que vous investissez du temps avec eux, ils sont moins susceptibles de penser à gâcher votre jardin.

* Votre chien devrait avoir beaucoup de jouets pour l'occuper. Assurez-vous qu'il en a une grande variété afin qu'il ne s'ennuie pas facilement.

* Si le fait de jouer avec lui et de le sortir pour faire de l'exercice régulièrement ne suffit pas, vous voudrez peut-être obtenir un bac à sable pour votre chien. Ou vous pouvez sectionner une partie de votre cour où il est autorisé à creuser. Vous pouvez également lui permettre d'avoir des jouets et des friandises dans cette zone. Une fois qu'il s'y est habitué, il ne verra pas le besoin de creuser des trous ailleurs dans votre cour.

* Les chiens n'aiment pas la chaleur, alors ils vont creuser des trous et utiliser la terre pour se garder au frais. Si vous voulez empêcher votre chien de creuser, donnez-lui un endroit où il y a de l'ombre et donnez-lui beaucoup d'eau.

* Une chose que vous pouvez faire pour empêcher votre chien de creuser n'est peut-être pas agréable. Cependant, vous pourriez être surpris de découvrir que cela peut être efficace. Vous pouvez placer des déchets dans les trous qui sont déjà faits. Une fois que le chien voit les déchets, il voudra arrêter de creuser des trous dans votre jardin.

Chiot barzoï

Etape 15 :
Le trouble obsessionnel compulsif

Le désordre compulsif obsessionnel est quand les gens font des choses encore et encore et qu'ils ne savent pas pourquoi. C'est un comportement étrange et il y a beaucoup de gens qui en souffrent. Cependant, avez-vous déjà pensé que les chiens pouvaient souffrir de troubles obsessionnels compulsifs (TOC) ?

Chiot barzoï

Les chiens souffrent de troubles obsessionnels compulsifs lorsqu'ils souffrent de stress ou d'ennui. Ils peuvent également l'éprouver quand ils ont affaire à l'anxiété. Pour un propriétaire de chien, faire face à un TOC peut être un vrai problème. Il ne peut pas comprendre immédiatement pourquoi son chien agit comme ça.

Les chiens peuvent agir de diverses façons, notamment en endommageant les choses, en endommageant les cours, en étant agressifs envers les autres et en aboyant pour le faire. Une fois que ces comportements deviennent répétitifs, le chien est entré dans le monde du trouble obsessionnel compulsif.

Si vous voyez que votre chien s'ennuie, vous devrez lui trouver plus d'activités. Ou vous devrez passer plus de temps avec lui pour faire les activités dans lesquelles il est déjà engagé. Passez plus de temps à votre activité physique avec lui.

Les chiens aiment quand vous passiez du bon temps avec eux. Ils sont comme des enfants. Si vous ne passez pas de temps avec eux, ils se lanceront dans des activités qu'ils n'ont pas à faire.

Votre chien peut sentir qu'il ne fait pas assez d'exercice. Passez plus de temps à jouer avec lui. Votre chien peut sentir que vous n'interagissez pas assez avec lui. Puisqu'il ne peut pas parler, la seule façon dont il peut montrer sa frustration est de faire des actions répétitives jusqu'à ce que vous en preniez note.

Si votre chien est stressé, consultez votre vétérinaire. Une fois que votre chien est dans ce mode compulsif, il peut devenir agressif et mettre les autres en danger, y compris lui-même. Votre vétérinaire peut fournir à votre chien des médicaments pour le calmer.

Selon le type de race que vous avez, il peut être génétiquement lié au trouble obsessionnel compulsif. Il y en a certains, comme les Bull

Terriers anglais et les Bergers allemands, qui sont connus pour relier les TOC à leur histoire génétique.

Quel que soit le cas, une fois que vous découvrez que votre chien a un trouble obsessionnel compulsif, il est important de les aider immédiatement afin qu'ils puissent mener une vie normale.

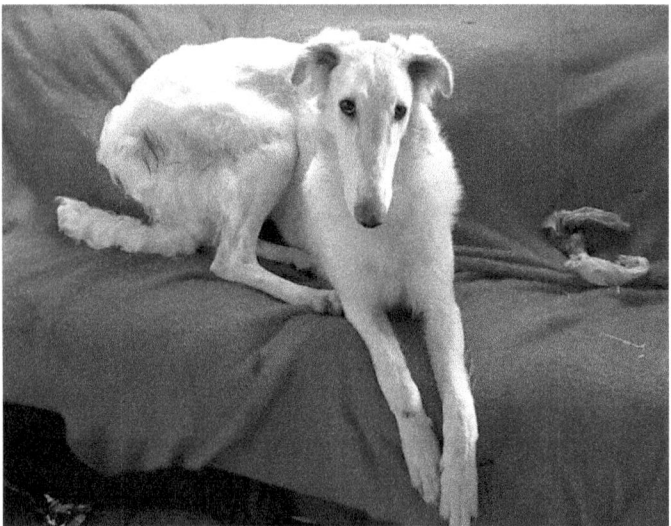

Barzoï

Le Pitbull Terrier

Le Pitbull Terrier est un chien étonnant et il est extrêmement énergique et peut certainement s'avérer être une nuisance s'il n'est pas correctement éduqué. Les Pitbulls américains sont extrêmement fidèles et quand une relation est formée avec un humain, elle dure pour toujours.

Jeune Pitbull

Si vous êtes un nouveau propriétaire de Pitbull, vous devez vraiment comprendre comment ces chiens peuvent être exigeants et réaliser qu'ils ont besoin de beaucoup d'attention et de formation afin de reconnaître leur plein potentiel en tant qu'animaux de compagnie. Les Pitbulls sont des chiens très intelligents et cela fonctionnera à votre avantage pendant le processus d'entraînement.

En raison de leur haute intelligence, les Pitbulls peuvent avoir des manies persistantes, mais ne laissez pas cela vous effrayer quand il s'agit de l'entraîner à l'obéissance. En tant que propriétaire, vous devez vous souvenir qu'il y aura des moments où vous lui demanderez de faire quelque chose et il ne va pas obéir, même s'il sait ce que vous attendez de lui. N'oubliez pas de rester patient en ces moments-là et ne soyez pas frustrés. Plus tôt vous entrainez votre Pitbull, mieux c'est. À l'âge de 8 semaines, vous pouvez commencer une formation de base et socialiser votre chiot Pitbull. Rappelez-vous : assurez-vous de garder les activités d'entraînement amusantes et utilisez des renforcements positifs pour encourager le comportement souhaité.

La socialisation est l'un des domaines clés de la formation d'un Pitbull. Ils peuvent être des animaux extrêmement sympathiques et affectueux, mais ils peuvent être agressifs s'ils ne sont pas socialisés. La meilleure façon de socialiser votre chiot est de l'inscrire à des cours de formation. Les cours de formation permettent à votre Pit d'être éduqué côte à côte avec d'autres chiens.

Lorsque votre chiot Pitbull atteint l'âge de 13-16 semaines, vous pouvez commencer une routine d'entraînement plus sérieuse. A cet âge-là, votre Pitbull testera probablement ses limites avec vous et explorera la zone de dominance. Il peut pincer et essayer d'assumer le rôle de chien alpha. Il est important d'être fort pendant cette période et de maintenir le rôle dominant dans la relation, mais toujours en douceur et avec fermeté.

Les Pitbulls sont des chiens de famille vraiment adorables qui, si bien éduqués, font un bon animal de compagnie pour n'importe qui. Ce sont d'excellents chiens qui aiment être autour de leurs « gens ». Assurez-vous d'éduquer votre Pitbull le plus tôt possible et n'oubliez pas de rester cohérent.

Il existe certaines règles que vous devriez suivre chaque fois que vous travaillez sur l'éducation de votre Pitbull Terrier. Une de ces choses est de s'assurer que vous l'entraînez dans une zone où il n'y a pas beaucoup de distractions. Les distractions peuvent être un outil important pour la formation de votre Pitbull Terrier, mais il est important d'avoir les bases avant de les introduire.

Quand votre chien a maîtrisé les commandes de base que vous lui avez apprises et qu'il excelle dans ses exercices d'entraînement d'obéissance sans distractions, c'est à ce moment que vous pouvez commencer à introduire des distractions extérieures pour le défier davantage. Faire ceci est une excellente stratégie de dressage de chiens qui lui apprendra à suivre vos ordres même quand il y a d'autres choses qui se passent autour de lui.

Votre but ultime est d'obtenir que votre Pitbull obéisse à vos commandes, quel que soit l'emplacement ou l'environnement. Pendant que votre chien progresse dans son entraînement, vous serez capable de lui donner un ordre au milieu d'une zone bondée et il vous obéira. C'est une chose importante non seulement pour sa sécurité, mais aussi pour la sécurité des autres personnes et des animaux. Avoir un chien bien éduqué peut éliminer beaucoup des histoires d'horreur que vous entendez liées à la possession d'un chien.

Vous devriez également apprendre à prévenir les erreurs de votre chien en apprenant ce qui le fait vaciller. Par exemple, si vous avez donné l'ordre de rester assis à votre Pitbull et qu'il commence à se lever, corrigez-le immédiatement pour qu'il apprenne que ce comportement est inacceptable. Vous saurez certainement quand il se prépare à briser le commandement par les signes qu'il donne. Il peut mordre ou lécher sa patte, agir mal à l'aise et être figé, etc. Tout ce que fait votre chien quand son attention commence à s'égarer, reconnaissez-le et travaillez à regagner son attention.

Astuces avec un Pitbull terrier

Comme vous l'avez probablement déjà appris, les Pitbulls sont des animaux très énergiques. Ils aiment courir et jouer, et s'énervent facilement. L'une des habitudes les plus agaçantes qu'ils développent à un jeune âge est le saut. Sauter peut être particulièrement ennuyeux quand ils le font comme un moyen de salutation, surtout si c'est un jeune enfant ou quelqu'un qui a peur des chiens. Enseigner à votre Pitbull à limiter ce comportement n'est pas une tâche facile, mais c'est votre responsabilité en tant que propriétaire de Pitbull.

Beaucoup de gens ont empêché leur Pitbull de sauter sur eux en utilisant des friandises. Quand ils viennent à l'intérieur, ils jettent des friandises sur le sol, puis saluent leur chien pendant que son attention est fixée sur les friandises. Les friandises fonctionnent habituellement comme une bonne distraction pour attirer l'attention de votre Pitbull au lieu de sauter sur vous. Si vous n'aimez pas utiliser des friandises pour éduquer votre Pitbull, ou si la méthode ne fonctionne pas bien pour vous, alors vous devez essayer d'autres idées pour entraîner votre Pitbull à ne pas sauter.

Une chose que vous pouvez essayer est d'enseigner à votre Pitbull qu'il est plus agréable de s'asseoir que de sauter. Allez dehors, laissez votre Pitbull à l'intérieur, puis revenez et saluez-le calmement. Si votre Pitbull commence à vous sauter dessus, tournez-lui le dos et ignorez-le. Quand votre

Pitbull remet les quatre pieds sur le sol, retournez-vous et caressez-le. S'il recommence à vous sauter dessus, retournez-vous et ignorez-le. Cela apprendra à votre Pitbull que quand il saute, il n'obtient aucune attention, mais que s'il est bien assis, vous le caresserez. Cette technique peut prendre un certain temps pour que votre Pitbull apprenne, surtout s'il s'agit d'un chien très excitable. Mais, si vous y tenez suffisamment longtemps, il devrait apprendre que sauter ne lui rapportera rien d'autre que de perdre votre attention. Une fois que vous obtenez votre Pitbull à travers cette étape, essayez de lui apprendre à rester assis pendant quelques instants avant de le reconnaître. S'il se lève, utilisez la même routine pour l'ignorer, puis, quand il s'assoit, caressez-le à nouveau. Ce serait aussi un bon moment pour essayer de lui apprendre à serrer la main quand il accueille les gens, plutôt que de leur sauter dessus.

Vous pouvez également inciter votre Pitbull à ne pas sauter en le tentant, puis en le récompensant et en le félicitant pour son bon comportement. Tenez les friandises en l'air afin que votre Pitbull doive sauter pour les attraper. S'il saute, ignorez-le, et quand il est calme, essayez à nouveau. Quand il est capable de rester assis, félicitez-le, donnez-lui les friandises et une attention supplémentaire. Il apprendra bientôt qu'en se comportant comme vous le voulez, il recevra non seulement plus d'attention, mais aussi des friandises supplémentaires, ce qui est une double motivation pour lui d'obéir.

Une autre méthode qui a tendance à bien fonctionner en enseignant à votre Pitbull de ne pas sauter est d'avoir un endroit désigné pour votre Pitbull, et lui apprendre à aller là quand vous en avez besoin, par exemple, quand quelqu'un est à la porte. Pour commencer cette formation, vous devrez choisir l'endroit, et mettre peut-être un lit ou une couverture et certains de ses jouets préférés là-bas. Quand l'endroit est prêt, passez du temps avec lui pendant qu'il est là. En lui accordant une attention particulière et des friandises, cela l'aidera à attribuer cette place à un bon endroit où il veut passer du temps. Comme votre Pitbull s'habitue à sa place, commencez à l'envoyer là de temps en temps. Au début, vous voudrez être près de l'endroit, et finalement vous vous en éloignez de plus en plus comme votre chien apprend. Accordez-lui une attention particulière chaque fois qu'il va à sa place quand vous le lui demandez. Finalement, votre Pitbull apprendra qu'en allant à sa place quand vous le lui demandez, vous le récompensez.

La plus grande chose que vous pouvez faire pour aider votre Pitbull à apprendre à ne pas sauter est de garder vos propres salutations calmes. Je sais que c'est difficile quand vous avez été loin de lui toute la journée pour ne pas entrer et jouer avec lui, mais cela ne fera que l'exciter davantage, et il attendra cette même attention de tous ceux qui entrent dans la maison. Jusqu'à ce que vous puissiez complètement rompre l'habitude de sauter, il est préférable de l'ignorer pendant les premières minutes de votre retour, puis de jouer avec lui une fois qu'il s'installe. Cela peut prendre un peu de temps, mais votre Pitbull apprendra bientôt comment atténuer son excitation.

Pitbull

Le Boxer

Le Boxer est un chien incroyable et extrêmement joueur, énergique et certainement une vedette (dans le bon sens bien sûr). Cette race de chien est extrêmement fidèle et quand une amitié est construite, elle dure pour toujours.

Boxer

Le boxer est unique et pas un chien pour tout le monde, si vous êtes un nouveau propriétaire d'un boxer, vous devez être conscient que ces chiens ont besoin de beaucoup d'attention et de formation. Ce sont des chiens extrêmement intelligents, dont l'intelligence peut vous être utile quand il s'agit de l'entraîner, mais elle peut aussi être très désavantageuse, car ils savent utiliser leur intelligence pour obtenir ce qu'ils veulent.

L'entraînement des boxers consiste à les dresser pour devenir des chiens de garde. C'est leur profession principale, si vous préférez. Les gens qui ne connaissent pas les boxers ont tendance à supposer qu'ils sont naturellement agressifs quand ils sont en fait le contraire et ne peuvent pas être plus ludiques que n'importe quel autre chien ! En raison de leur bonne taille et de leur apparence agressive, les gens supposent automatiquement que ce chien pourrait faire plus de mal que de bien. Si votre boxer n'est pas éduqué correctement, cela pourrait être vrai.

En raison de leur intelligence, les boxers peuvent être très têtus, mais quand il s'agit d'éduquer un boxer, cela peut être très utile. En tant que propriétaire vous devez vous rappeler qu'il y aura des moments où vous lui demanderez de faire quelque chose et il vous regardera en face et vous ignorera essentiellement, il sait qu'il est censé faire ce que vous lui dites, mais il décide qu'il peut ne pas le faire. La principale chose dont vous devez vous souvenir dans ces circonstances, c'est d'être patient. Dès 6 semaines, vous devriez commencer l'entraînement de votre boxer, car cela l'aidera quand il sera grand, socialisez avec lui, jouez avec lui et apprenez-lui des choses, mais le faire de manière excitante pour qu'il soit plus susceptible d'écouter.

L'aspect principal de l'entraînement pour un boxer est la socialisation. Les boxers peuvent être des chiens très amicaux, mais ils doivent être formés pour le devenir. Ils doivent s'habituer aux autres chiens et aux autres personnes. La meilleure façon de le faire est de suivre des cours de formation. De cette façon, votre boxer sera entraîné aux côtés d'autres chiens.

Lorsque votre boxer atteint l'âge de 13-16 semaines, il est temps pour un sérieux entraînement de boxer. C'est le stade où il va tester la domination, il va pincer et essayer de vous montrer qu'il est le plus dominant, principalement ne ne vous écoutant. Vous devez être un leader fort en ce moment. Vous devez lui montrer que les mauvais comportements ne seront pas tolérés, peu importe quoi !

Le boxer est vraiment un chien de famille adorable et fera un animal de compagnie agréable pour n'importe qui. Ces chiens préfèrent s'asseoir sur vos genoux pour un câlin plus que toute autre chose. Entraînez votre boxer tôt avec une formation sérieuse et vous pouvez être assuré que vous aurez un magnifique ami fidèle de la famille !

Le golden retriever

Avec le terme d'entraînement en tête, il y a plusieurs significations différentes impliquées. Lorsque vous cherchez à former votre Golden Retriever, vous avez quelques options à votre disposition.

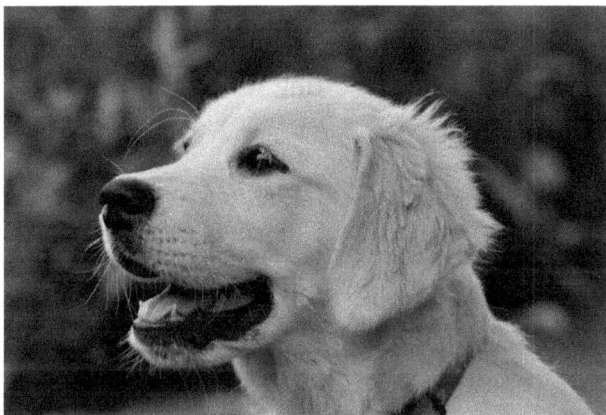

Jeune Golden retriever

Ci-dessous, nous examinerons les nombreux types d'entraînement pour votre Golden, et vous aiderons à décider quand le type d'entraînement est le meilleur pour vous et votre Golden.

Entraînement comportemental

La formation comportementale apprend à un Golden Retriever à être un bon chien en général. La formation implique la maison, un bon comportement général autour des gens et des animaux, l'entraînement en laisse, et d'autres types de choses qui feront de lui un meilleur compagnon. Les chiens qui ont passé l'obéissance et qui sont bien formés – peu importe où vous décidez de les prendre.

Formation à l'activité

La formation en activité enseigne aux Golden Retrievers diverses activités telles que la chasse, l'élevage, la recherche et le sauvetage, et plusieurs autres trucs que vous pouvez faire ensemble. La formation en activité est très populaire auprès de la race Golden, car elle contribue à rendre la relation entre vous et votre animal de compagnie beaucoup plus intéressante. En se concentrant sur les activités spécifiques pour la race Golden, la formation en activité est toujours très bénéfique pour votre Golden Retriever.

Entraînement à l'obéissance

La formation d'obéissance enseigne à votre Golden comment effectuer diverses activités. Ce type de formation se concentre également sur le comportement général, apprenant au chien à bien se comporter. La plupart des chiens qui suivent une formation en obéissance se révèlent être bien élevés et écouteront vos ordres et ne devraient pas faire des choses telles que mâcher et aboyer sans raison. Si vous voulez que votre Golden soit bien élevé et obéissant, vous devriez l'inscrire à un cours d'obéissance dès que vous le pouvez.

Gardez à l'esprit qu'il existe certaines lignes distinctives avec chaque type de formation. Si vous choisissez l'entraînement d'obéissance par exemple, alors votre Golden Retriever ne recevra aucune aide avec son comportement. Lorsque vous sélectionnez une classe pour votre Golden, vous voulez toujours sélectionner une classe qui corresponde à ses besoins à ce moment-là. Si vous avez du mal à contrôler votre chien, vous pouvez commencer avec une formation comportementale, ce que la plupart des propriétaires de Golden ont tendance à faire.

Lorsque vous cherchez un cours de formation, vous devez également savoir dans quelle zone votre chien a besoin d'aide. Parfois, un comportement peut être le résultat de l'ennui, qui peut être facilement résolu en passant plus de temps avec votre chien. Une fois que vous avez passé plus de temps avec lui, vous remarquerez parfois son comportement s'arrête. D'autres fois cependant, il peut avoir besoin d'un peu plus d'aide avec certains comportements, ce qui est le moment où l'entraînement entre en jeu. Bien que les Golden Retrievers soient des chiens intelligents, ils ne savent pas s'ils font quelque chose de mal à moins que vous ne le leur montriez.

Avant de pouvoir former votre chiot Golden, vous devez savoir quoi lui apprendre.

Les chiots Golden adorent les routines, et se sentent plus à l'aise que jamais s'ils sont sur un calendrier qu'ils peuvent prédire. Lorsque vous emmenez votre chien à l'entraînement, vous devriez toujours être patient avec lui et le rassurer qu'il se comporte bien. Au fur et à mesure que votre Golden vieillit et commence à apprendre de nouvelles choses, il n'oubliera jamais son entraînement. Dans le cas improbable où il commence à perdre une partie de son entraînement, vous pouvez toujours le laisser recommencer un cours pour parfaire les techniques. De cette façon, peu importe l'âge de votre Golden Retriever, il sera toujours le compagnon idéal que vous avez appris à aimer au fil des ans.

Les chiens ne sont pas comme les humains, ils ont donc besoin d'apprendre de différentes manières. Les chiens n'ont pas de réponses humaines, ce qui signifie qu'ils ne fonctionnent pas avec le principe du bien ou du mal. Au lieu de cela, ils opèrent sur un principe de réponse, guidés par les actions que vous leur donnez. Si leurs actions mènent à une mauvaise réponse de votre part, alors ils sauront que ce qu'ils font est inacceptable et éviteront de refaire ce genre de comportement.

Si votre chien fait quelque chose de bien, il devrait être félicité pour cela. Si votre Golden Retriever écoute ce que vous dites et se comporte bien, vous devriez le récompenser avec une friandise ou un éloge. Le laisser savoir qu'il va bien conduit à une réponse positive. D'un autre côté, s'il ne vous écoute pas ou fait le contraire de ce que vous dites, vous ne devriez pas le récompenser du tout – mais plutôt le gronder avec un « NON » sévère.

Lorsque vous entraînez votre Golden Retriever, le timing est le facteur le plus important. Si votre chien fait quelque chose de mal, vous ne devriez pas attendre ou hésiter à le corriger. Cela pourrait envoyer une fausse impression. Lorsque votre Golden fait quelque chose de mal, vous devez le corriger immédiatement, afin qu'il sache sans aucun doute ce qu'il fait de mal.

Par exemple, si votre Golden Retriever est à la poursuite des voitures, vous voulez évidemment arrêter cette habitude avant qu'il ne devienne incontrôlable. La seconde où vous le voyez faire cela, vous devriez toujours l'arrêter et lui faire savoir qu'il a tort. De cette façon, il saura que courir après les voitures est quelque chose qu'il ne devrait pas faire. Cela peut prendre un peu de temps pour qu'il s'en rende compte, et vous devrez tenir bon et continuer à le corriger quand il fait quelque chose que vous n'approuvez pas.

Ce type de théorie est similaire à celui de la louange. Quand vous voyez votre Golden Retriever faire quelque chose de bien, vous devriez le féliciter instantanément. Si vous ne le félicitez pas instantanément et que vous attendez qu'il s'arrête, il supposera que vous l'applaudissez pour l'avoir arrêté. Pour être du bon côté et tirer le meilleur parti de votre

Golden, vous devriez toujours le louer quand il se comporte de la bonne manière, puis le corriger quand il se comporte de manière négative.

Si vous prenez votre temps et montrez de la patience avec votre Golden Retriever, vous ne devriez pas avoir de problèmes pour l'entraîner. Le processus de formation peut prendre un peu de temps, bien qu'il en vaille plus que la peine. Une fois que vous aurez entraîné votre Golden Retriever, il réagira à ce que vous dites et évitera de faire les choses pour lesquelles il a été corrigé. La formation est essentielle pour votre Golden – et fera de lui un chien formidable quand il vieillit.

Conclusion

Vous pouvez aider votre chien à changer ses mauvais comportements en travaillant constamment avec lui. La cohérence et la patience sont les clés pour que votre chien fasse le changement que vous aimeriez voir.

Chiot Chowchow

Respectez vos règles et ne laissez personne d'autre qui entre en contact avec le chien dévier de ce que vous avez enseigné. Une fois vos stratégies et votre entraînement gravés dans la pierre, votre chien commencera à s'y habituer et finira par se débarrasser des mauvais comportements. Vous aurez du mal avec un chien qui ne veut pas suivre vos ordres et refuse de se conformer. Vous serez moins stressé une fois que votre chien est à l'aise et obéit à vos ordres. C'est important qu'il le fasse. Vous vous sentirez à l'aise de le faire sortir et de lui permettre d'être actif. Les chiens sont comme des enfants – vous devez continuer à les nourrir et à leur fournir de l'amour et du soutien. En même temps, ils doivent se rendre compte qu'ils doivent accepter la correction (jamais physique, juste un ton de forte désapprobation) pour être un membre productif de votre famille.

Un chien bien entraîné mène généralement une vie plus heureuse et plus saine et son propriétaire peut également profiter d'un compagnon de vie sans problème. La formation de chien à l'obéissance de base, le comportement à la maison et l'entraînement à la propreté sont donc essentiels et importants pour l'éducation d'un chien.

La méthode conventionnelle de conseils de dressage de chien et de guide serait d'énumérer une série de choses que vous devriez « faire » et vous pourriez même connaître l'A-Z de l'éducation de chien ! Mais parfois, ce qui doit être fait peut être mieux dit en disant ce qui ne devrait pas être fait. J'espère que vous êtes d'accord avec moi !

Cette conclusion cherche à lister 18 « Doit » quand vous entraînez votre chien. Les raisons des choses à ne pas faire deviendront évidentes au fur et à mesure que les leçons se poursuivront et que chacun se fondera sur la psychologie distinctive de l'esprit du chien.

1. NE PAS punir votre chien pendant que vous êtes en colère ou que vous n'avez pas le contrôle de vous-même.

2. NE PAS punir votre chien avec la laisse ou tout instrument de formation ou tout ce qu'il devrait associer au devoir ou au plaisir.

3. NE PAS se faufiler sur votre chien ou l'attraper par l'arrière.

4. NE PAS chasser votre chien pour l'attraper : il doit venir à vous ou courir après vous.

5. NE PAS câliner votre chien et ensuite vous retourner sur lui avec le fouet. Vous allez regretter la tromperie.

6. Ne pas tromper ou taquiner votre chien. Il est cruel et incohérent de taquiner votre chien pour qu'il vienne à vous quand il ne peut pas.

7. NE PAS punir un chien en marchant sur ses pattes inutilement. Ils sont extrêmement sensibles. Ne tordez pas les oreilles de façon ludique ou autrement. Ne jamais le frapper sur la colonne vertébrale, dans le visage ou sur les oreilles et encore mieux : NE JAMAIS LE FRAPPER !

8. NE PAS attraper votre chien ou l'atteindre rapidement. Il ne devrait jamais craindre son maître, ne devrait pas être rendu nerveux par son maître et devrait sentir que la punition donnée est méritée.

9. NE PAS harceler votre chien : ne lui donnez pas d'ordres constamment, ne l'agacez pas avec vos cris.

10. NE louez PAS un chien pour avoir fait un certain geste, puis, plus tard, le gronder pour avoir fait le même acte. Si vous lui permettez de vous mordre les orteils aujourd'hui et que vous le trouvez amusant, ne le grondez pas pour le faire demain, quand

vous n'êtes pas de bonne humeur. La cohérence est une vertu principale dans la formation d'un chien.

11. NE PAS entraîner votre chien immédiatement ou peu après qu'il a mangé.

12. NE PAS perdre patience avec un chiot de moins de six mois et NE PAS le faire non plus quand il est plus âgé. Ne jamais lancer ou donner un coup de pied à un chiot ni le soulever par la tête, la jambe ou la peau du cou. NE JAMAIS le faire non plus quand il est plus âgé !

13. NE l'entraînez pas dans des exercices nécessitant beaucoup de force ou d'endurance jusqu'à ce qu'il ait au moins six mois.

14. NE PAS travailler avec votre chien sans un court repos ou des périodes de jeu pendant l'entraînement. Un repos de cinq minutes pour chaque quinze minutes d'entraînement est souhaitable.

15. NE permettez PAS à tout le monde de donner des ordres à votre chien. Pendant que vous l'entraînez, il doit être le chien d'un seul homme, en fonction de vous seul pour le nourrir et prendre soin de lui.

16. NE considérez pas les tours comme la fin principale ou la partie principale de l'entraînement. L'utilité est l'objet recherché dans toutes les instructions du chien. Les actes qui découlent naturellement des instincts du chien doivent être encouragés.

17. NE PAS s'attendre à ce que votre chien soit un chien merveilleux après quelques semaines d'entraînement. Quatre mois à un an peuvent être nécessaires pour rendre le maître fier de lui, mais le travail en vaut la chandelle. La formation ne finit jamais.

18. NE PAS sauter à la conclusion que votre chien est stupide. Il peut différer avec

vous en croyant que l'entraîneur devrait en savoir plus que le chien.

Pour finir, essayez de vous souvenir de ces 18 règles, amusez-vous à entraîner votre chien et, surtout, amusez-vous en chemin !

Table des étapes :

Merci d'avoir lu « Votre chien 3. Lui apprendre l'obéissance. 15 étapes simples et efficaces ». Si vous avez apprécié cette lecture, j'aimerais vous demander une faveur : celle de retourner à l'endroit où vous avez acheté ce livre pour y laisser un commentaire honnête. Les auteurs vivent et meurent de leurs critiques, et les quelques secondes qu'il vous faudra pour le faire m'aideront vraiment. Merci.

PS : J'espère que « Votre chien 3. Lui apprendre l'obéissance. 15 étapes simples et efficaces » vous a aidé à atteindre votre but.

Cette méthode m'a permis d'éduquer mes chiens, sans crises et sans larmes, je pense qu'elle pourra aussi vous permettre d'éduquer le vôtre.

Si vous désirez parler plus avant de votre chien et de vos dilemmes, n'hésitez pas à me

contacter via mon site Internet
http://www.murielleluciedement.com
    ou par mail : clementml@me.com
Vous pouvez aussi aller visiter mon blog :
www.aventurelitteraire.com

Imprimé par
CreateSpace
Amazon
KDP

www.ingramcontent.com/pod-product-compliance
Lightning Source LLC
Chambersburg PA
CBHW060311050426
42448CB00009B/1783